# This Journal Belongs To:

_____

Copyright © 2019 Ellejoy Journals
www.ellejoy.net
All rights reserved.

# The Lord's Prayer

OUR FATHER IN HEAVEN,
HALLOWED BE YOUR NAME.

YOUR KINGDOM COME, YOUR
WILL BE DONE, ON EARTH
AS IT IS IN HEAVEN.

GIVE US THIS DAY OUR DAILY
BREAD, AND FORGIVE US OUR
DEBTS, AS WE ALSO HAVE
FORGIVEN OUR DEBTORS.

AND LEAD US NOT INTO
TEMPTATION, BUT DELIVER
US FROM EVIL.

_____ / _____ / _____

# Heavenly Father,

TODAY I LEARNED TO....

_____

_____

_____

_____

I AM GRATEFUL FOR....

_____

_____

_____

_____

I AM PRAYING FOR....

_____

_____

_____

_____

Thank you God for all my blessings, Amen.

_____ / _____ / _____

# Heavenly Father,

TODAY I LEARNED TO....

_____

_____

_____

_____

I AM GRATEFUL FOR....

_____

_____

_____

_____

I AM PRAYING FOR....

_____

_____

_____

_____

*Thank you God for all my blessings, Amen.*

_____ / _____ / _____

# Heavenly Father,

## TODAY I LEARNED TO....

_____

_____

_____

_____

## I AM GRATEFUL FOR....

_____

_____

_____

_____

## I AM PRAYING FOR....

_____

_____

_____

_____

*Thank you God for all my blessings, Amen.*

___ / ___ / ____

# Heavenly Father,

TODAY I LEARNED TO....

_____

_____

_____

_____

I AM GRATEFUL FOR....

_____

_____

_____

_____

I AM PRAYING FOR....

_____

_____

_____

_____

*Thank you God for all my blessings, Amen.*

_____ / _____ / _____

# Heavenly Father,

## TODAY I LEARNED TO....

_____

_____

_____

_____

## I AM GRATEFUL FOR....

_____

_____

_____

_____

## I AM PRAYING FOR....

_____

_____

_____

_____

*Thank you God for all my blessings, Amen.*

_____ / _____ / _____

# Heavenly Father,

## TODAY I LEARNED TO....

_____

_____

_____

_____

## I AM GRATEFUL FOR....

_____

_____

_____

_____

## I AM PRAYING FOR....

_____

_____

_____

_____

*Thank you God for all my blessings, Amen.*

_____ / _____ / _____

# Heavenly Father,

## TODAY I LEARNED TO....

_____

_____

_____

_____

## I AM GRATEFUL FOR....

_____

_____

_____

_____

## I AM PRAYING FOR....

_____

_____

_____

_____

*Thank you God for all my blessings, Amen.*

_____ / _____ / _____

# Heavenly Father,

TODAY I LEARNED TO....

_____

_____

_____

_____

I AM GRATEFUL FOR....

_____

_____

_____

_____

I AM PRAYING FOR....

_____

_____

_____

_____

*Thank you God for all my blessings, Amen.*

_____ / _____ / _____

# Heavenly Father,

TODAY I LEARNED TO....

_____

_____

_____

_____

I AM GRATEFUL FOR....

_____

_____

_____

_____

I AM PRAYING FOR....

_____

_____

_____

_____

Thank you God for all my blessings, Amen.

____ / ____ / _____

# Heavenly Father,

TODAY I LEARNED TO....

_____

_____

_____

_____

I AM GRATEFUL FOR....

_____

_____

_____

_____

I AM PRAYING FOR....

_____

_____

_____

_____

*Thank you God for all my blessings, Amen.*

_____ / _____ / _____

# Heavenly Father,

## TODAY I LEARNED TO....

_____

_____

_____

_____

## I AM GRATEFUL FOR....

_____

_____

_____

_____

## I AM PRAYING FOR....

_____

_____

_____

_____

*Thank you God for all my blessings, Amen.*

_____ / _____ / _____

# Heavenly Father,

## TODAY I LEARNED TO....

_____

_____

_____

_____

## I AM GRATEFUL FOR....

_____

_____

_____

## I AM PRAYING FOR....

_____

_____

_____

*Thank you God for all my blessings, Amen.*

___ / ___ / ____

# Heavenly Father,

TODAY I LEARNED TO....

_____

_____

_____

_____

I AM GRATEFUL FOR....

_____

_____

_____

_____

I AM PRAYING FOR....

_____

_____

_____

_____

*Thank you God for all my blessings, Amen.*

_____ / _____ / _____

# Heavenly Father,

## TODAY I LEARNED TO....

_____

_____

_____

_____

## I AM GRATEFUL FOR....

_____

_____

_____

_____

## I AM PRAYING FOR....

_____

_____

_____

_____

*Thank you God for all my blessings, Amen.*

_____ / _____ / _____

# Heavenly Father,

TODAY I LEARNED TO....

_____

_____

_____

_____

I AM GRATEFUL FOR....

_____

_____

_____

_____

I AM PRAYING FOR....

_____

_____

_____

_____

*Thank you God for all my blessings, Amen.*

_____ / _____ / _____

# Heavenly Father,

TODAY I LEARNED TO....

_____

_____

_____

_____

I AM GRATEFUL FOR....

_____

_____

_____

_____

I AM PRAYING FOR....

_____

_____

_____

_____

*Thank you God for all my blessings, Amen.*

_____ / _____ / _____

# Heavenly Father,

TODAY I LEARNED TO....

_____

_____

_____

_____

I AM GRATEFUL FOR....

_____

_____

_____

_____

I AM PRAYING FOR....

_____

_____

_____

_____

*Thank you God for all my blessings, Amen.*

_____ / _____ / _____

# Heavenly Father,

TODAY I LEARNED TO....

_____

_____

_____

_____

I AM GRATEFUL FOR....

_____

_____

_____

_____

I AM PRAYING FOR....

_____

_____

_____

_____

*Thank you God for all my blessings, Amen.*

_____ / _____ / _____

# Heavenly Father,

TODAY I LEARNED TO....

_____

_____

_____

_____

I AM GRATEFUL FOR....

_____

_____

_____

_____

I AM PRAYING FOR....

_____

_____

_____

_____

*Thank you God for all my blessings, Amen.*

_____ / _____ / _____

# Heavenly Father,

TODAY I LEARNED TO....

_____

_____

_____

_____

I AM GRATEFUL FOR....

_____

_____

_____

_____

I AM PRAYING FOR....

_____

_____

_____

_____

*Thank you God for all my blessings, Amen.*

___ / ___ / _____

# Heavenly Father,

TODAY I LEARNED TO....

_____

_____

_____

_____

I AM GRATEFUL FOR....

_____

_____

_____

_____

I AM PRAYING FOR....

_____

_____

_____

_____

*Thank you God for all my blessings, Amen.*

___ / ___ / ____

# Heavenly Father,

TODAY I LEARNED TO....

_____

_____

_____

_____

I AM GRATEFUL FOR....

_____

_____

_____

_____

I AM PRAYING FOR....

_____

_____

_____

_____

*Thank you God for all my blessings, Amen.*

_____ / _____ / _____

# Heavenly Father,

## TODAY I LEARNED TO....

_____

_____

_____

_____

## I AM GRATEFUL FOR....

_____

_____

_____

_____

## I AM PRAYING FOR....

_____

_____

_____

_____

*Thank you God for all my blessings, Amen.*

_____ / _____ / _____

# Heavenly Father,

TODAY I LEARNED TO....

_____

_____

_____

_____

I AM GRATEFUL FOR....

_____

_____

_____

_____

I AM PRAYING FOR....

_____

_____

_____

_____

*Thank you God for all my blessings, Amen.*

_____ / _____ / _____

# Heavenly Father,

## TODAY I LEARNED TO....

_____

_____

_____

_____

## I AM GRATEFUL FOR....

_____

_____

_____

_____

## I AM PRAYING FOR....

_____

_____

_____

_____

*Thank you God for all my blessings, Amen.*

_____ / _____ / _____

# Heavenly Father,

TODAY I LEARNED TO....

_____

_____

_____

_____

I AM GRATEFUL FOR....

_____

_____

_____

_____

I AM PRAYING FOR....

_____

_____

_____

_____

*Thank you God for all my blessings, Amen.*

_____ / _____ / _____

# Heavenly Father,

TODAY I LEARNED TO....

_____

_____

_____

_____

I AM GRATEFUL FOR....

_____

_____

_____

_____

I AM PRAYING FOR....

_____

_____

_____

_____

*Thank you God for all my blessings, Amen.*

___ / ___ / ____

# Heavenly Father,

## TODAY I LEARNED TO....

_____

_____

_____

_____

## I AM GRATEFUL FOR....

_____

_____

_____

_____

## I AM PRAYING FOR....

_____

_____

_____

_____

*Thank you God for all my blessings, Amen.*

_____ / _____ / _____

# Heavenly Father,

TODAY I LEARNED TO....

_____

_____

_____

_____

I AM GRATEFUL FOR....

_____

_____

_____

_____

I AM PRAYING FOR....

_____

_____

_____

_____

*Thank you God for all my blessings, Amen.*

___ / ___ / _____

# Heavenly Father,

TODAY I LEARNED TO....

_____

_____

_____

_____

I AM GRATEFUL FOR....

_____

_____

_____

I AM PRAYING FOR....

_____

_____

_____

*Thank you God for all my blessings, Amen.*

_____ / _____ / _____

# Heavenly Father,

**TODAY I LEARNED TO....**

_____

_____

_____

_____

**I AM GRATEFUL FOR....**

_____

_____

_____

_____

**I AM PRAYING FOR....**

_____

_____

_____

_____

*Thank you God for all my blessings, Amen.*

_____ / _____ / _____

# Heavenly Father,

**TODAY I LEARNED TO....**

_____

_____

_____

_____

**I AM GRATEFUL FOR....**

_____

_____

_____

_____

**I AM PRAYING FOR....**

_____

_____

_____

_____

*Thank you God for all my blessings, Amen.*

_____ / _____ / _____

# Heavenly Father,

TODAY I LEARNED TO....

_____

_____

_____

_____

I AM GRATEFUL FOR....

_____

_____

_____

_____

I AM PRAYING FOR....

_____

_____

_____

_____

*Thank you God for all my blessings, Amen.*

_____/_____/_____

# Heavenly Father,

## TODAY I LEARNED TO....

_____

_____

_____

_____

## I AM GRATEFUL FOR....

_____

_____

_____

_____

## I AM PRAYING FOR....

_____

_____

_____

_____

*Thank you God for all my blessings, Amen.*

_____ / _____ / _____

# Heavenly Father,

TODAY I LEARNED TO....

_____

_____

_____

_____

I AM GRATEFUL FOR....

_____

_____

_____

_____

I AM PRAYING FOR....

_____

_____

_____

_____

*Thank you God for all my blessings, Amen.*

_____ / _____ / _____

# Heavenly Father,

## TODAY I LEARNED TO....

_____

_____

_____

_____

## I AM GRATEFUL FOR....

_____

_____

_____

_____

## I AM PRAYING FOR....

_____

_____

_____

_____

*Thank you God for all my blessings, Amen.*

___ / ___ / _____

# Heavenly Father,

## TODAY I LEARNED TO....

_____

_____

_____

_____

## I AM GRATEFUL FOR....

_____

_____

_____

_____

## I AM PRAYING FOR....

_____

_____

_____

_____

*Thank you God for all my blessings, Amen.*

___ / ___ / _____

# Heavenly Father,

TODAY I LEARNED TO....

_____

_____

_____

_____

I AM GRATEFUL FOR....

_____

_____

_____

_____

I AM PRAYING FOR....

_____

_____

_____

_____

Thank you God for all my blessings, Amen.

_____ / _____ / _____

# Heavenly Father,

## TODAY I LEARNED TO....

_____

_____

_____

_____

## I AM GRATEFUL FOR....

_____

_____

_____

_____

## I AM PRAYING FOR....

_____

_____

_____

_____

*Thank you God for all my blessings, Amen.*

_____ / _____ / _____

# Heavenly Father,

TODAY I LEARNED TO....

_____

_____

_____

_____

I AM GRATEFUL FOR....

_____

_____

_____

_____

I AM PRAYING FOR....

_____

_____

_____

_____

*Thank you God for all my blessings, Amen.*

___ / ___ / _____

# Heavenly Father,

TODAY I LEARNED TO....

_____

_____

_____

_____

I AM GRATEFUL FOR....

_____

_____

_____

_____

I AM PRAYING FOR....

_____

_____

_____

_____

*Thank you God for all my blessings, Amen.*

_____ / _____ / _____

# Heavenly Father,

TODAY I LEARNED TO....

_____

_____

_____

_____

I AM GRATEFUL FOR....

_____

_____

_____

_____

I AM PRAYING FOR....

_____

_____

_____

_____

*Thank you God for all my blessings, Amen.*

___/___/_____

# Heavenly Father,

TODAY I LEARNED TO....

_____

_____

_____

_____

I AM GRATEFUL FOR....

_____

_____

_____

_____

I AM PRAYING FOR....

_____

_____

_____

_____

*Thank you God for all my blessings, Amen.*

___ / ___ / ____

# Heavenly Father,

TODAY I LEARNED TO....

_____

_____

_____

_____

I AM GRATEFUL FOR....

_____

_____

_____

_____

I AM PRAYING FOR....

_____

_____

_____

_____

*Thank you God for all my blessings, Amen.*

_____ / _____ / _____

# Heavenly Father,

## TODAY I LEARNED TO....

_____

_____

_____

_____

## I AM GRATEFUL FOR....

_____

_____

_____

_____

## I AM PRAYING FOR....

_____

_____

_____

_____

*Thank you God for all my blessings, Amen.*

_____ / _____ / _____

# Heavenly Father,

TODAY I LEARNED TO....

_____

_____

_____

_____

I AM GRATEFUL FOR....

_____

_____

_____

I AM PRAYING FOR....

_____

_____

_____

_____

*Thank you God for all my blessings, Amen.*

_____ / _____ / _____

# Heavenly Father,

TODAY I LEARNED TO....

_____

_____

_____

_____

I AM GRATEFUL FOR....

_____

_____

_____

_____

I AM PRAYING FOR....

_____

_____

_____

_____

*Thank you God for all my blessings, Amen.*

\_\_\_ / \_\_\_ / \_\_\_\_\_

# Heavenly Father,

TODAY I LEARNED TO....

_____

_____

_____

_____

I AM GRATEFUL FOR....

_____

_____

_____

_____

I AM PRAYING FOR....

_____

_____

_____

_____

_Thank you God for all my blessings, Amen._

_____ / _____ / _____

# Heavenly Father,

TODAY I LEARNED TO....

_____

_____

_____

_____

I AM GRATEFUL FOR....

_____

_____

_____

_____

I AM PRAYING FOR....

_____

_____

_____

_____

*Thank you God for all my blessings, Amen.*

_____ / _____ / _____

# Heavenly Father,

TODAY I LEARNED TO....

_____

_____

_____

_____

I AM GRATEFUL FOR....

_____

_____

_____

_____

I AM PRAYING FOR....

_____

_____

_____

_____

*Thank you God for all my blessings, Amen.*

_____ / _____ / _____

# Heavenly Father,

TODAY I LEARNED TO....

_____

_____

_____

_____

I AM GRATEFUL FOR....

_____

_____

_____

_____

I AM PRAYING FOR....

_____

_____

_____

_____

*Thank you God for all my blessings, Amen.*

_____ / _____ / _____

# Heavenly Father,

TODAY I LEARNED TO....

_____

_____

_____

_____

I AM GRATEFUL FOR....

_____

_____

_____

_____

I AM PRAYING FOR....

_____

_____

_____

_____

*Thank you God for all my blessings, Amen.*

_____ / _____ / _____

# Heavenly Father,

TODAY I LEARNED TO....

_____

_____

_____

_____

I AM GRATEFUL FOR....

_____

_____

_____

_____

I AM PRAYING FOR....

_____

_____

_____

_____

*Thank you God for all my blessings, Amen.*

_____ / _____ / _____

# Heavenly Father,

TODAY I LEARNED TO....

_____

_____

_____

_____

I AM GRATEFUL FOR....

_____

_____

_____

_____

I AM PRAYING FOR....

_____

_____

_____

_____

*Thank you God for all my blessings, Amen.*

_____ / _____ / _____

# Heavenly Father,

TODAY I LEARNED TO....

_____

_____

_____

_____

I AM GRATEFUL FOR....

_____

_____

_____

_____

I AM PRAYING FOR....

_____

_____

_____

_____

*Thank you God for all my blessings, Amen.*

___ / ___ / ____

# Heavenly Father,

TODAY I LEARNED TO....

_____

_____

_____

_____

I AM GRATEFUL FOR....

_____

_____

_____

_____

I AM PRAYING FOR....

_____

_____

_____

_____

*Thank you God for all my blessings, Amen.*

___ / ___ / _____

# Heavenly Father,

TODAY I LEARNED TO....

_____

_____

_____

_____

I AM GRATEFUL FOR....

_____

_____

_____

_____

I AM PRAYING FOR....

_____

_____

_____

_____

*Thank you God for all my blessings, Amen.*

_____ / _____ / _____

# Heavenly Father,

TODAY I LEARNED TO....

_____

_____

_____

_____

I AM GRATEFUL FOR....

_____

_____

_____

_____

I AM PRAYING FOR....

_____

_____

_____

_____

*Thank you God for all my blessings, Amen.*

_____ / _____ / _____

# Heavenly Father,

TODAY I LEARNED TO....

_____

_____

_____

_____

I AM GRATEFUL FOR....

_____

_____

_____

_____

I AM PRAYING FOR....

_____

_____

_____

_____

*Thank you God for all my blessings, Amen.*

_____ / _____ / _____

# Heavenly Father,

TODAY I LEARNED TO....

_____

_____

_____

_____

I AM GRATEFUL FOR....

_____

_____

_____

_____

I AM PRAYING FOR....

_____

_____

_____

_____

*Thank you God for all my blessings, Amen.*

____ / ____ / ____

# Heavenly Father,

TODAY I LEARNED TO....

_____

_____

_____

_____

I AM GRATEFUL FOR....

_____

_____

_____

_____

I AM PRAYING FOR....

_____

_____

_____

_____

*Thank you God for all my blessings, Amen.*

___ / ___ / _____

# Heavenly Father,

TODAY I LEARNED TO....

_____

_____

_____

_____

I AM GRATEFUL FOR....

_____

_____

_____

I AM PRAYING FOR....

_____

_____

_____

_____

*Thank you God for all my blessings, Amen.*

___ / ___ / _____

# Heavenly Father,

TODAY I LEARNED TO....

_____

_____

_____

_____

I AM GRATEFUL FOR....

_____

_____

_____

_____

I AM PRAYING FOR....

_____

_____

_____

_____

*Thank you God for all my blessings, Amen.*

_____ / _____ / _____

# *Heavenly Father,*

## TODAY I LEARNED TO....

_____

_____

_____

_____

## I AM GRATEFUL FOR....

_____

_____

_____

_____

## I AM PRAYING FOR....

_____

_____

_____

_____

*Thank you God for all my blessings, Amen.*

_____ / _____ / _____

# Heavenly Father,

TODAY I LEARNED TO....

_____

_____

_____

_____

I AM GRATEFUL FOR....

_____

_____

_____

_____

I AM PRAYING FOR....

_____

_____

_____

_____

*Thank you God for all my blessings, Amen.*

_____ / _____ / _____

# Heavenly Father,

TODAY I LEARNED TO....

_____

_____

_____

_____

I AM GRATEFUL FOR....

_____

_____

_____

_____

I AM PRAYING FOR....

_____

_____

_____

_____

*Thank you God for all my blessings, Amen.*

_____ / _____ / _____

# Heavenly Father,

TODAY I LEARNED TO....

_____

_____

_____

_____

I AM GRATEFUL FOR....

_____

_____

_____

_____

I AM PRAYING FOR....

_____

_____

_____

_____

*Thank you God for all my blessings, Amen.*

___ / ___ / _____

# Heavenly Father,

## TODAY I LEARNED TO....

_____

_____

_____

_____

## I AM GRATEFUL FOR....

_____

_____

_____

## I AM PRAYING FOR....

_____

_____

_____

_Thank you God for all my blessings, Amen._

____ / ____ / _____

# Heavenly Father,

TODAY I LEARNED TO....

_____

_____

_____

_____

I AM GRATEFUL FOR....

_____

_____

_____

_____

I AM PRAYING FOR....

_____

_____

_____

_____

*Thank you God for all my blessings, Amen.*

_____ / _____ / _____

# Heavenly Father,

TODAY I LEARNED TO....

_____

_____

_____

_____

I AM GRATEFUL FOR....

_____

_____

_____

_____

I AM PRAYING FOR....

_____

_____

_____

_____

*Thank you God for all my blessings, Amen.*

\_\_\_ / \_\_\_ / \_\_\_\_

# Heavenly Father,

TODAY I LEARNED TO....

_____

_____

_____

_____

I AM GRATEFUL FOR....

_____

_____

_____

_____

I AM PRAYING FOR....

_____

_____

_____

_____

_Thank you God for all my blessings, Amen._

___ / ___ / _____

# Heavenly Father,

TODAY I LEARNED TO....

_____

_____

_____

_____

I AM GRATEFUL FOR....

_____

_____

_____

_____

I AM PRAYING FOR....

_____

_____

_____

_____

*Thank you God for all my blessings, Amen.*

_____ / _____ / _____

# *Heavenly Father,*

## TODAY I LEARNED TO....

_____

_____

_____

_____

## I AM GRATEFUL FOR....

_____

_____

_____

_____

## I AM PRAYING FOR....

_____

_____

_____

_____

*Thank you God for all my blessings, Amen.*

_____ / _____ / _____

# Heavenly Father,

## TODAY I LEARNED TO....

_____

_____

_____

_____

## I AM GRATEFUL FOR....

_____

_____

_____

_____

## I AM PRAYING FOR....

_____

_____

_____

_____

*Thank you God for all my blessings, Amen.*

_____ / _____ / _____

# Heavenly Father,

TODAY I LEARNED TO....

_____

_____

_____

_____

I AM GRATEFUL FOR....

_____

_____

_____

_____

I AM PRAYING FOR....

_____

_____

_____

_____

*Thank you God for all my blessings, Amen.*

_____ / _____ / _____

# Heavenly Father,

## TODAY I LEARNED TO....

_____

_____

_____

_____

## I AM GRATEFUL FOR....

_____

_____

_____

_____

## I AM PRAYING FOR....

_____

_____

_____

_____

*Thank you God for all my blessings, Amen.*

_____ / _____ / _____

# Heavenly Father,

TODAY I LEARNED TO....

_____

_____

_____

_____

I AM GRATEFUL FOR....

_____

_____

_____

_____

I AM PRAYING FOR....

_____

_____

_____

_____

*Thank you God for all my blessings, Amen.*

_____ / _____ / _____

# Heavenly Father,

## TODAY I LEARNED TO....

_____

_____

_____

_____

## I AM GRATEFUL FOR....

_____

_____

_____

_____

## I AM PRAYING FOR....

_____

_____

_____

_____

*Thank you God for all my blessings, Amen.*

____ / ____ / _____

# Heavenly Father,

TODAY I LEARNED TO....

_____

_____

_____

_____

I AM GRATEFUL FOR....

_____

_____

_____

_____

I AM PRAYING FOR....

_____

_____

_____

_____

*Thank you God for all my blessings, Amen.*

_____ / _____ / _____

# Heavenly Father,

TODAY I LEARNED TO....

_____

_____

_____

_____

I AM GRATEFUL FOR....

_____

_____

_____

_____

I AM PRAYING FOR....

_____

_____

_____

_____

*Thank you God for all my blessings, Amen.*

_____ / _____ / _____

# Heavenly Father,

TODAY I LEARNED TO....

_____

_____

_____

_____

I AM GRATEFUL FOR....

_____

_____

_____

_____

I AM PRAYING FOR....

_____

_____

_____

_____

*Thank you God for all my blessings, Amen.*

_____ / _____ / _____

# Heavenly Father,

TODAY I LEARNED TO....

_____

_____

_____

_____

I AM GRATEFUL FOR....

_____

_____

_____

_____

I AM PRAYING FOR....

_____

_____

_____

_____

*Thank you God for all my blessings, Amen.*

___/___/____

# Heavenly Father,

TODAY I LEARNED TO....

_____

_____

_____

_____

I AM GRATEFUL FOR....

_____

_____

_____

_____

I AM PRAYING FOR....

_____

_____

_____

_____

*Thank you God for all my blessings, Amen.*

_____ / _____ / _____

# Heavenly Father,

TODAY I LEARNED TO....

_____

_____

_____

_____

I AM GRATEFUL FOR....

_____

_____

_____

_____

I AM PRAYING FOR....

_____

_____

_____

_____

*Thank you God for all my blessings, Amen.*

_____ / _____ / _____

# *Heavenly Father,*

## TODAY I LEARNED TO....

_____

_____

_____

_____

## I AM GRATEFUL FOR....

_____

_____

_____

_____

## I AM PRAYING FOR....

_____

_____

_____

_____

*Thank you God for all my blessings, Amen.*

____ / ____ / _____

# Heavenly Father,

TODAY I LEARNED TO....

_____

_____

_____

_____

I AM GRATEFUL FOR....

_____

_____

_____

_____

I AM PRAYING FOR....

_____

_____

_____

_____

*Thank you God for all my blessings, Amen.*

_____ / _____ / _____

# *Heavenly Father,*

## TODAY I LEARNED TO....

_____

_____

_____

_____

## I AM GRATEFUL FOR....

_____

_____

_____

_____

## I AM PRAYING FOR....

_____

_____

_____

_____

*Thank you God for all my blessings, Amen.*

\_\_\_ / \_\_\_ / \_\_\_\_

# Heavenly Father,

TODAY I LEARNED TO....

_____

_____

_____

_____

I AM GRATEFUL FOR....

_____

_____

_____

_____

I AM PRAYING FOR....

_____

_____

_____

_____

_Thank you God for all my blessings, Amen._

_____ / _____ / _____

# Heavenly Father,

TODAY I LEARNED TO....

_____

_____

_____

_____

I AM GRATEFUL FOR....

_____

_____

_____

_____

I AM PRAYING FOR....

_____

_____

_____

_____

*Thank you God for all my blessings, Amen.*

\_\_\_ / \_\_\_ / \_\_\_\_\_

# Heavenly Father,

TODAY I LEARNED TO....

_____

_____

_____

_____

I AM GRATEFUL FOR....

_____

_____

_____

_____

I AM PRAYING FOR....

_____

_____

_____

_____

_Thank you God for all my blessings, Amen._

_____ / _____ / _____

# Heavenly Father,

TODAY I LEARNED TO....

_____

_____

_____

_____

I AM GRATEFUL FOR....

_____

_____

_____

_____

I AM PRAYING FOR....

_____

_____

_____

_____

*Thank you God for all my blessings, Amen.*

___ / ___ / _____

# Heavenly Father,

TODAY I LEARNED TO....

_____

_____

_____

_____

I AM GRATEFUL FOR....

_____

_____

_____

_____

I AM PRAYING FOR....

_____

_____

_____

_____

*Thank you God for all my blessings, Amen.*

____ / ____ / ____

# Heavenly Father,

**TODAY I LEARNED TO....**

_____

_____

_____

_____

**I AM GRATEFUL FOR....**

_____

_____

_____

_____

**I AM PRAYING FOR....**

_____

_____

_____

_____

*Thank you God for all my blessings, Amen.*

_____ / _____ / _____

# Heavenly Father,

## TODAY I LEARNED TO....

_____

_____

_____

_____

## I AM GRATEFUL FOR....

_____

_____

_____

_____

## I AM PRAYING FOR....

_____

_____

_____

_____

*Thank you God for all my blessings, Amen.*

_____ / _____ / _____

# Heavenly Father,

TODAY I LEARNED TO....

_____

_____

_____

_____

I AM GRATEFUL FOR....

_____

_____

_____

_____

I AM PRAYING FOR....

_____

_____

_____

_____

*Thank you God for all my blessings, Amen.*

_____ / _____ / _____

# Heavenly Father,

TODAY I LEARNED TO....

_____

_____

_____

_____

I AM GRATEFUL FOR....

_____

_____

_____

_____

I AM PRAYING FOR....

_____

_____

_____

_____

*Thank you God for all my blessings, Amen.*

____ / ____ / _____

# Heavenly Father,

TODAY I LEARNED TO....

_____

_____

_____

_____

I AM GRATEFUL FOR....

_____

_____

_____

_____

I AM PRAYING FOR....

_____

_____

_____

_____

*Thank you God for all my blessings, Amen.*

___ / ___ / ___

# Heavenly Father,

TODAY I LEARNED TO....

_____

_____

_____

_____

I AM GRATEFUL FOR....

_____

_____

_____

_____

I AM PRAYING FOR....

_____

_____

_____

_____

*Thank you God for all my blessings, Amen.*

_____ / _____ / _____

# Heavenly Father,

TODAY I LEARNED TO....

_____

_____

_____

_____

I AM GRATEFUL FOR....

_____

_____

_____

_____

I AM PRAYING FOR....

_____

_____

_____

_____

*Thank you God for all my blessings, Amen.*

_____ / _____ / _____

# Heavenly Father,

TODAY I LEARNED TO....

_____

_____

_____

_____

I AM GRATEFUL FOR....

_____

_____

_____

_____

I AM PRAYING FOR....

_____

_____

_____

_____

*Thank you God for all my blessings, Amen.*

___ / ___ / _____

# Heavenly Father,

TODAY I LEARNED TO....

_____

_____

_____

_____

I AM GRATEFUL FOR....

_____

_____

_____

I AM PRAYING FOR....

_____

_____

_____

_Thank you God for all my blessings, Amen._

_____ / _____ / _____

# Heavenly Father,

TODAY I LEARNED TO....

_____

_____

_____

_____

I AM GRATEFUL FOR....

_____

_____

_____

_____

I AM PRAYING FOR....

_____

_____

_____

_____

*Thank you God for all my blessings, Amen.*

_____ / _____ / _____

# Heavenly Father,

TODAY I LEARNED TO....

_____

_____

_____

_____

I AM GRATEFUL FOR....

_____

_____

_____

_____

I AM PRAYING FOR....

_____

_____

_____

_____

*Thank you God for all my blessings, Amen.*

___ / ___ / ____

# Heavenly Father,

TODAY I LEARNED TO....

_____

_____

_____

_____

I AM GRATEFUL FOR....

_____

_____

_____

_____

I AM PRAYING FOR....

_____

_____

_____

_____

*Thank you God for all my blessings, Amen.*

____ / ____ / _____

# Heavenly Father,

TODAY I LEARNED TO....

_____

_____

_____

_____

I AM GRATEFUL FOR....

_____

_____

_____

_____

I AM PRAYING FOR....

_____

_____

_____

_____

*Thank you God for all my blessings, Amen.*

___ / ___ / _____

# Heavenly Father,

**TODAY I LEARNED TO....**

_____

_____

_____

_____

**I AM GRATEFUL FOR....**

_____

_____

_____

_____

**I AM PRAYING FOR....**

_____

_____

_____

_____

*Thank you God for all my blessings, Amen.*

____ / ____ / _____

# Heavenly Father,

TODAY I LEARNED TO....

_____

_____

_____

_____

I AM GRATEFUL FOR....

_____

_____

_____

_____

I AM PRAYING FOR....

_____

_____

_____

_____

*Thank you God for all my blessings, Amen.*

_____ / _____ / _____

# Heavenly Father,

TODAY I LEARNED TO....

_____

_____

_____

_____

I AM GRATEFUL FOR....

_____

_____

_____

_____

I AM PRAYING FOR....

_____

_____

_____

_____

*Thank you God for all my blessings, Amen.*

_____ / _____ / _____

# Heavenly Father,

TODAY I LEARNED TO....

_____

_____

_____

_____

I AM GRATEFUL FOR....

_____

_____

_____

_____

I AM PRAYING FOR....

_____

_____

_____

_____

*Thank you God for all my blessings, Amen.*

_____ / _____ / _____

# Heavenly Father,

## TODAY I LEARNED TO....

_____

_____

_____

_____

## I AM GRATEFUL FOR....

_____

_____

_____

_____

## I AM PRAYING FOR....

_____

_____

_____

_____

*Thank you God for all my blessings, Amen.*

____ / ____ / _____

# Heavenly Father,

## TODAY I LEARNED TO....

_____

_____

_____

_____

## I AM GRATEFUL FOR....

_____

_____

_____

_____

## I AM PRAYING FOR....

_____

_____

_____

_____

*Thank you God for all my blessings, Amen.*

_____ / _____ / _____

# Heavenly Father,

TODAY I LEARNED TO....

_____

_____

_____

_____

I AM GRATEFUL FOR....

_____

_____

_____

_____

I AM PRAYING FOR....

_____

_____

_____

_____

Thank you God for all my blessings, Amen.

_____ / _____ / _____

# Heavenly Father,

TODAY I LEARNED TO....

_____

_____

_____

_____

I AM GRATEFUL FOR....

_____

_____

_____

_____

I AM PRAYING FOR....

_____

_____

_____

_____

*Thank you God for all my blessings, Amen.*

_/___/____

# Heavenly Father,

TODAY I LEARNED TO....

_____

_____

_____

_____

I AM GRATEFUL FOR....

_____

_____

_____

_____

I AM PRAYING FOR....

_____

_____

_____

_____

*Thank you God for all my blessings, Amen.*

_____ / _____ / _____

# Heavenly Father,

TODAY I LEARNED TO....

_____

_____

_____

_____

I AM GRATEFUL FOR....

_____

_____

_____

_____

I AM PRAYING FOR....

_____

_____

_____

_____

*Thank you God for all my blessings, Amen.*

_____ / _____ / _____

# Heavenly Father,

**TODAY I LEARNED TO....**

_____

_____

_____

_____

**I AM GRATEFUL FOR....**

_____

_____

_____

_____

**I AM PRAYING FOR....**

_____

_____

_____

_____

*Thank you God for all my blessings, Amen.*

_____ / _____ / _____

# Heavenly Father,

TODAY I LEARNED TO....

_____

_____

_____

_____

I AM GRATEFUL FOR....

_____

_____

_____

_____

I AM PRAYING FOR....

_____

_____

_____

_____

*Thank you God for all my blessings, Amen.*

_____ / _____ / _____

# Heavenly Father,

TODAY I LEARNED TO....

_____

_____

_____

_____

I AM GRATEFUL FOR....

_____

_____

_____

_____

I AM PRAYING FOR....

_____

_____

_____

_____

*Thank you God for all my blessings, Amen.*

_____ / _____ / _____

# Heavenly Father,

TODAY I LEARNED TO....

_____

_____

_____

_____

I AM GRATEFUL FOR....

_____

_____

_____

_____

I AM PRAYING FOR....

_____

_____

_____

_____

*Thank you God for all my blessings, Amen.*

____ / ____ / ____

# Heavenly Father,

TODAY I LEARNED TO....

_____

_____

_____

_____

I AM GRATEFUL FOR....

_____

_____

_____

_____

I AM PRAYING FOR....

_____

_____

_____

_____

*Thank you God for all my blessings, Amen.*

___ / ___ / ____

# Heavenly Father,

TODAY I LEARNED TO....

_____

_____

_____

_____

I AM GRATEFUL FOR....

_____

_____

_____

_____

I AM PRAYING FOR....

_____

_____

_____

_____

*Thank you God for all my blessings, Amen.*

_____ / _____ / _____

# Heavenly Father,

TODAY I LEARNED TO....

_____

_____

_____

_____

I AM GRATEFUL FOR....

_____

_____

_____

_____

I AM PRAYING FOR....

_____

_____

_____

_____

*Thank you God for all my blessings, Amen.*

___ / ___ / _____

# Heavenly Father,

TODAY I LEARNED TO....

_____

_____

_____

_____

I AM GRATEFUL FOR....

_____

_____

_____

_____

I AM PRAYING FOR....

_____

_____

_____

_____

*Thank you God for all my blessings, Amen.*

_____ / _____ / _____

# Heavenly Father,

TODAY I LEARNED TO....

_____

_____

_____

_____

I AM GRATEFUL FOR....

_____

_____

_____

I AM PRAYING FOR....

_____

_____

_____

*Thank you God for all my blessings, Amen.*

_____ / _____ / _____

# Heavenly Father,

## TODAY I LEARNED TO....

_____

_____

_____

_____

## I AM GRATEFUL FOR....

_____

_____

_____

## I AM PRAYING FOR....

_____

_____

_____

*Thank you God for all my blessings, Amen.*

_____ / _____ / _____

# Heavenly Father,

TODAY I LEARNED TO....

_____

_____

_____

_____

I AM GRATEFUL FOR....

_____

_____

_____

_____

I AM PRAYING FOR....

_____

_____

_____

_____

*Thank you God for all my blessings, Amen.*

___ / ___ / _____

# Heavenly Father,

TODAY I LEARNED TO....

_____

_____

_____

_____

I AM GRATEFUL FOR....

_____

_____

_____

I AM PRAYING FOR....

_____

_____

_____

_Thank you God for all my blessings, Amen._

_____ / _____ / _____

# Heavenly Father,

## TODAY I LEARNED TO....

_____

_____

_____

_____

## I AM GRATEFUL FOR....

_____

_____

_____

## I AM PRAYING FOR....

_____

_____

_____

_____

*Thank you God for all my blessings, Amen.*

___ / ___ / ___

# Heavenly Father,

TODAY I LEARNED TO....

_____

_____

_____

_____

I AM GRATEFUL FOR....

_____

_____

_____

I AM PRAYING FOR....

_____

_____

_____

*Thank you God for all my blessings, Amen.*

_____ / _____ / _____

# Heavenly Father,

TODAY I LEARNED TO....

_____

_____

_____

_____

I AM GRATEFUL FOR....

_____

_____

_____

_____

I AM PRAYING FOR....

_____

_____

_____

_____

*Thank you God for all my blessings, Amen.*

_____ / _____ / _____

# Heavenly Father,

TODAY I LEARNED TO....

_____

_____

_____

_____

I AM GRATEFUL FOR....

_____

_____

_____

_____

I AM PRAYING FOR....

_____

_____

_____

_____

*Thank you God for all my blessings, Amen.*

_____ / _____ / _____

# Heavenly Father,

TODAY I LEARNED TO....

_____

_____

_____

_____

I AM GRATEFUL FOR....

_____

_____

_____

_____

I AM PRAYING FOR....

_____

_____

_____

_____

*Thank you God for all my blessings, Amen.*

_____ / _____ / _____

# Heavenly Father,

TODAY I LEARNED TO....

_____

_____

_____

_____

I AM GRATEFUL FOR....

_____

_____

_____

_____

I AM PRAYING FOR....

_____

_____

_____

_____

*Thank you God for all my blessings, Amen.*

___ / ___ / ____

# Heavenly Father,

TODAY I LEARNED TO....

_____

_____

_____

_____

I AM GRATEFUL FOR....

_____

_____

_____

_____

I AM PRAYING FOR....

_____

_____

_____

_____

*Thank you God for all my blessings, Amen.*

_____ / _____ / _____

# Heavenly Father,

TODAY I LEARNED TO....

_____

_____

_____

_____

I AM GRATEFUL FOR....

_____

_____

_____

_____

I AM PRAYING FOR....

_____

_____

_____

_____

*Thank you God for all my blessings, Amen.*

___ / ___ / ____

# Heavenly Father,

TODAY I LEARNED TO....

_____

_____

_____

_____

I AM GRATEFUL FOR....

_____

_____

_____

I AM PRAYING FOR....

_____

_____

_____

_____

*Thank you God for all my blessings, Amen.*

_____ / _____ / _____

# Heavenly Father,

TODAY I LEARNED TO....

_____

_____

_____

_____

I AM GRATEFUL FOR....

_____

_____

_____

_____

I AM PRAYING FOR....

_____

_____

_____

_____

*Thank you God for all my blessings, Amen.*

_____ / _____ / _____

# *Heavenly Father,*

## TODAY I LEARNED TO....

_____

_____

_____

_____

## I AM GRATEFUL FOR....

_____

_____

_____

_____

## I AM PRAYING FOR....

_____

_____

_____

_____

*Thank you God for all my blessings, Amen.*

_____ / _____ / _____

# Heavenly Father,

TODAY I LEARNED TO....

_____

_____

_____

_____

I AM GRATEFUL FOR....

_____

_____

_____

_____

I AM PRAYING FOR....

_____

_____

_____

_____

*Thank you God for all my blessings, Amen.*

___/ ___/ _____

# Heavenly Father,

TODAY I LEARNED TO....

_____

_____

_____

_____

I AM GRATEFUL FOR....

_____

_____

_____

I AM PRAYING FOR....

_____

_____

_____

*Thank you God for all my blessings, Amen.*

___/___/_____

# Heavenly Father,

TODAY I LEARNED TO....

_____

_____

_____

_____

I AM GRATEFUL FOR....

_____

_____

_____

_____

I AM PRAYING FOR....

_____

_____

_____

_____

*Thank you God for all my blessings, Amen.*

_____ / _____ / _____

# Heavenly Father,

## TODAY I LEARNED TO....

_____

_____

_____

_____

## I AM GRATEFUL FOR....

_____

_____

_____

_____

## I AM PRAYING FOR....

_____

_____

_____

_____

*Thank you God for all my blessings, Amen.*

_____ / _____ / _____

# Heavenly Father,

TODAY I LEARNED TO....

_____

_____

_____

_____

I AM GRATEFUL FOR....

_____

_____

_____

_____

I AM PRAYING FOR....

_____

_____

_____

_____

*Thank you God for all my blessings, Amen.*

___ / ___ / _____

# Heavenly Father,

TODAY I LEARNED TO....

_____

_____

_____

_____

I AM GRATEFUL FOR....

_____

_____

_____

_____

I AM PRAYING FOR....

_____

_____

_____

_____

*Thank you God for all my blessings, Amen.*

_____ / _____ / _____

# Heavenly Father,

TODAY I LEARNED TO....

_____

_____

_____

_____

I AM GRATEFUL FOR....

_____

_____

_____

_____

I AM PRAYING FOR....

_____

_____

_____

_____

*Thank you God for all my blessings, Amen.*

\_\_\_ / \_\_\_ / \_\_\_\_\_

# Heavenly Father,

TODAY I LEARNED TO....

_____

_____

_____

_____

I AM GRATEFUL FOR....

_____

_____

_____

I AM PRAYING FOR....

_____

_____

_____

_Thank you God for all my blessings, Amen._

_____ / _____ / _____

# Heavenly Father,

## TODAY I LEARNED TO....

_____

_____

_____

_____

## I AM GRATEFUL FOR....

_____

_____

_____

_____

## I AM PRAYING FOR....

_____

_____

_____

_____

*Thank you God for all my blessings, Amen.*